AUTORI

Paolo Crippa (23 aprile 1978) coltiva sin dai tempi del Liceo la passione per la Storia italiana, soprattutto della Seconda Guerra Mondiale. Le sue ricerche si incentrano soprattutto nel campo della storia militare ed in particolare sulle unità corazzate a partire dagli anni '30 fino alla fine della Seconda Guerra Mondiale. Nel 2006 pubblica il suo primo volume, "I Reparti Corazzati della Repubblica Sociale Italiana 1943/1945", prima ricerca organica compiuta e pubblicata in Italia sull'argomento, a cui fanno seguito "Duecento Volti della R.S.I." (2007) e "Un anno con il 27° Reggimento Artiglieria Legnano" (2011). Ha all'attivo una quarantina di articoli per le riviste Milites, Historica Nuova, SGM – Seconda Guerra Mondiale, Batailes & Blindes, Mezzi Corazzati, Storia & Battaglie e Storia del Novecento, sia come autore, sia in collaborazione con altri ricercatori ed ha realizzato collaborazioni e consulenze per altri autori nella stesura di testi storico – uniformologici. Dal 2019 collabora con Luca Cristini Editore nella realizzazione della collana "Witness to War" e dal 2020 ne è il Direttore. Con Mattioli 1885 ha pubblicato "Italia 43-45. I blindati di circostanza della guerra civile" (2014), "I mezzi corazzati italiani della guerra civile 1943-1945" (2015) e "Italia 43-45. I mezzi delle Unità cobelligeranti" (2018).

Luigi Manes (18 luglio 1966) ha già pubblicato quattro volumi: "Le cingolette britanniche della Seconda Guerra Mondiale" (Soldiershop Publishing, 2019), "Il carro armato medio Sherman nel teatro bellico europeo" (Soldiershop Publishing, 2019), "Italia 43-45 – I mezzi delle unità cobelligeranti" (Mattioli 1885, 2018) con Paolo Crippa e "Carri armati Sherman in Sicilia" (Edizioni Ardite, 2018) con Lorenzo Bovi. Ha inoltre realizzato vari articoli per la rivista di modellismo militare "Steel Art" e per il sito "ModellismoPiù". Da sempre interessato alla storia della Seconda Guerra Mondiale, nutre una grande passione per il carro armato medio Sherman, sia dal punto di vista storico sia da quello tecnologico.

PUBLISHING'S NOTES

None of unpublished images or text of our book may be reproduced in any format without the expressed written permission of Luca Cristini Editore (already Soldiershop.com) when not indicate as marked with license creative commons 3.0 or 4.0. Luca Cristini Editore has made every reasonable effort to locate, contact and acknowledge rights holders and to correctly apply terms and conditions to Content.
Every effort has been made to trace the copyright of all the photographs. If there are unintentional omissions, please contact the publisher in writing at: info@soldiershop.com, who will correct all subsequent editions.
Our trademark: Luca Cristini Editore@, and the names of our series & brand: Soldiershop, Witness to war, Museum book, Bookmoon, Soldiers&Weapons, Battlefield, War in colour, Historical Biographies, Darwin's view, Fabula, Altrastoria, Italia Storica Ebook, Witness To History, Soldiers, Weapons & Uniforms, Storia etc. are herein @ by Luca Cristini Editore.

LICENSES COMMONS

This book may utilize part of material marked with license creative commons 3.0 or 4.0 (CC BY 4.0), (CC BY-ND 4.0), (CC BY-SA 4.0) or (CC0 1.0). We give appropriate attribution credit and indicate if change were made in the acknowledgments field. Our WTW books series utilize only fonts licensed under the SIL Open Font License or other free use license.

For a complete list of Soldiershop titles please contact Luca Cristini Editore on our website: www.soldiershop.com or www.cristinieditore.com.
E-mail: info@soldiershop.com

Titolo: **REPARTI CORAZZATI JUGOSLAVI 1940-1945** Code.: **WTW-012 IT** Di Paolo Crippa e Luigi Manes
ISBN code: 978-88-93275941 prima edizione maggio 2020. Collana diretta da Paolo Crippa
Lingua: Italiano Nr. di immagini: 133 dimensione: 177,8x254mm Cover & Art Design: Luca S. Cristini
WITNESS TO WAR (SOLDIERSHOP) is a trademark of Luca Cristini Editore, via Orio, 35/4 - 24050 Zanica (BG) ITALY.

WITNESS TO WAR

REPARTI CORAZZATI JUGOSLAVI 1940 -1945

REGNO DI JUGOSLAVIA - STATO INDIPENDENTE DI CROAZIA - UNITÀ CROATE DELLA WEHRMACHT - DOMOBRANCI SLOVENI

PHOTOS & IMAGES FROM WORLD WARTIME ARCHIVES

PAOLO CRIPPA - LUIGI MANES

BOOKS TO COLLECT

INDICE

I corazzati dell'Esercito Reale Jugoslavo 5
    Nascita ed evoluzione dei reparti corazzati
    La Seconda Guerra Mondiale
    Colorazione dei mezzi corazzati jugoslavi

Reparti corazzati croati 35
    I reparti croati
        Compagnia Carri della I Brigata Ustaša
        Compagnia Carri della III Brigata Ustaša
        Compagnia Carri della IV Brigata Ustaša
        Compagnia Carri della V Brigata Ustaša
        Compagnie Carri del P.T.B.
        Ustaša Obrana (Reparto di Difesa Ustaša)
        1ª Compagnia Carri Leggeri della 1ª Divisione da Montagna
        Plotone Carri della 1ª Brigata da Montagna
        Plotone Carri della 3ª Brigata da Montagna
        Plotone Carri della 4ª Brigata da Montagna
        Plotone Carri della 3ª Brigata Jäger
        Plotone Carri della 4ª Brigata Jäger
        Compagnia Carri Leggeri
        Compagnia Blindata di Riserva
        (indicata anche come Comando Corazzato di Riserva)
        Plotone Carri del III Corpo
        Plotone Carri Leggeri del I Battaglione Trasporti
    I blindati di circostanza "Oklopni Samovoz"
    Colorazione dei corazzati croati

Unità corazzate croate dipendenti dalle Forze Armate Tedesche 75
    369. (Kroatische) Infanterie-Division (369. (Hrvatska) Pješacka Divizija)
    373. (Kroatische) Infanterie-Division (373. (Hrvatska) Pješacka Divizija)
    392. (Kroatische) Infanterie-Division (392. (Hrvatska) Pješacka Divizija)

Corazzati sloveni 83
    Colorazione dei corazzati sloveni

Bibliografia 97

I CORAZZATI DELL'ESERCITO REALE JUGOSLAVO

Nascita ed evoluzione dei reparti corazzati

La formazione delle prime unità corazzate dell'Esercito del Regno di Jugoslavia risale alla fine degli anni '20, quando le autorità militari sentirono la necessità di dotare i reparti di una componente blindata, sulla scorta delle esperienze vissute durante la Grande Guerra dagli eserciti impegnati nella guerra di trincea. Contrariamente a quello che succedeva presso molti altri eserciti europei a quell'epoca, queste unità corazzate non si svilupparono come un'estensione delle divisioni di cavalleria ma si formarono invece come reparti indipendenti, ufficialmente denominati "Unità Combattenti". I carri armati furono identificati con la dizione "veicoli da combattimento"[1]. I primi mezzi corazzati impiegati furono 11 carri armati Renault FT-17 e 10 carri armati Renault-Kegresse M-28[2] (11 secondo altre fonti), ricevuti dalla Francia nel corso del 1929.

Nella prima metà degli anni '30, l'esercito reale jugoslavo iniziò un processo di riforma delle sue due Divisioni di Cavalleria, con l'obiettivo di aumentarne le potenziali capacità offensive. Queste due Divisioni consistevano in 2 o 3 Brigate di Cavalleria su 2 Reggimenti ciascuno, uno Squadrone di Artiglieria ippotrainata, un Battaglione Ciclisti ed altre unità di supporto. Fu pertanto previsto di inserire in organico ad entrambe le Divisioni un Reggimento Motorizzato, rinforzato da veicoli blindati come carri armati leggeri o tankette. Fin dall'inizio si pose però il problema relativo all'approvvigionamento di questi blindati, dal momento che l'industria locale non era in grado di produrre carri armati. Tra Francia e Jugoslavia esisteva però un buon grado di cooperazione militare e fu giocoforza sottoporre proprio ai francesi delle richieste di acquisto di corazzati. La Francia però non era disposta a vendere i suoi carri armati più moderni e, allo stesso tempo, aveva l'esigenza di eliminare i vecchi modelli. Per rinforzare la propria dotazione di mezzi, nel 1932 la Jugoslavia importò altri 14 Renault FT-17, probabilmente dalla Polonia. Infine, tra il 1935 ed il 1936, una ventina di FT-17 (in cattive condizioni) fu finalmente ricevuta dalla Francia, sotto forma di aiuti militari. Con questi carri armati fu costituito il Battaglione Veicoli da Combattimento nel 1936, su 3 Compagnie di 3 Plotoni ciascuna, unità spesso erroneamente chiamata Primo Battaglione. Ogni Plotone aveva una dotazione di 3 carri armati e altri 21 carri armati formavano la Riserva di Battaglione, per un totale di 48 tra FT-17 e M-28.

La Seconda Guerra Mondiale

Con lo scoppio della Seconda Guerra Mondiale, divenne quasi impossibile per l'Esercito Reale Jugoslavo acquisire nuovi mezzi corazzati per integrare le proprie scarse dotazioni.

---

1 È interessante notare che l'Esercito Reale Jugoslavo non adottò mai il termine "carro armato" e invece si riferì a questi veicoli semplicemente come "veicoli da combattimento" ("Борбено возило").
2 Anche conosciuto come Renault NC Kegresse, una sfortunata evoluzione del vetusto FT-17, di cui conservava parte degli organi meccanici.

Le autorità militari però non si scoraggiarono e portarono avanti incessanti trattative con la Francia, che, all'inizio del 1940, accettò di vendere alla Jugoslavia 54 carri armati leggeri R-35, relativamente più moderni rispetto ai vecchi FT-17. I mezzi, consegnati in aprile, furono gli ultimi corazzati arrivati in Jugoslavia prima che l'invasione tedesca della Francia bloccasse ogni speranza di futuri nuovi acquisti. Pertanto, all'inizio del conflitto, l'Esercito jugoslavo poteva contare su una componente blindata veramente esigua, in grado di allineare poco più di un centinaio di mezzi corazzati[3]:

- Carri armati Renault FT-17   = circa 45
- Carri armati Renault-Kegresse M-28   = 10 / 11
- Carri armati Renault R-35   = 54
- Semoventi T-32 (Š-I-D)   = 8
- Automitrailleuse White M1918   = 2
- Autoblindo SPA[4]   = 2

Il 3 maggio 1940, il Battaglione Veicoli da Combattimento fu scisso in due unità, 1° e 2° Battaglione Veicoli da Combattimento. Il 1°Battaglione era equipaggiato con i più vecchi FT-17 e M-28, mentre al 2° erano stati assegnati tutti i carri armati R-35 da poco acquistati[5]. Ciascun Battaglione era composto da 3 Compagnie, ognuna su 3 Plotoni e, oltre ai carri armati, i due Battaglioni disponevano di veicoli motorizzati per il trasporto di munizioni e dei pezzi di ricambio, mentre non erano previsti elementi di supporto di Fanteria, Artiglieria o Anticarro. Il Comando Veicoli da Combattimento e il 1° Battaglione agli ordini del maggiore Stanimir Misić erano di stanza a Belgrado, le sue 3 Compagnie, equipaggiate con carri armati FT-17 e M-28, furono assegnate alla 2ª Armata a Sarajevo, alla 3ª Armata a Skopje ed alla 4ª Armata a Zagabria. Il 2° Battaglione, di stanza a Belgrado, fu sottoposto a manovre d'addestramento di vaste dimensioni, in vista di un possibile impiego bellico. A tali esercitazioni presero parte anche i semoventi leggeri T-32 di costruzione cecoslovacca, inquadrati in uno Squadrone Celere Veicoli da Combattimento (Eskadron brzih borni kolah). I Š-I-D o T-32 erano il risultato di una specifica richiesta jugoslava. Si trattava di un mezzo sviluppato a metà degli anni Trenta dalla Škoda, basato sulla tankette Š-I (MU-4) con l'aggiunta di una semplice casamatta allo scafo originale ed armato con una versione modificata del cannone anticarro Škoda A3 da 37mm. Alla fine del 1935 fu presentato agli Ufficiali Ispettori jugoslavi, che apprezzarono il prototipo, presentando però una serie di suggerimenti di miglioramento, che furono incorporati nella versione definitiva. Il veicolo fu molto apprezzato e nel 1936 la Jugoslavia firmò un contratto di fornitura per 8 esemplari, ammessi successivamente in servizio con la designazione di T-32. Come vedremo, questi blindati ebbero modo di combattere a sud di Belgrado. I pochissimi T-32 che caddero in mani tedesche furono inviati alle officine Škoda per essere ricondizionati. Destinati ad unità delle Waffen-SS ed utilizzati per l'addestramento ricevettero la designazione di Pz.Kpfw. T-32 732 (j)[6].

---

3 La differenza rispetto all'Aviazione jugoslava era abissale. Quest'ultima infatti aveva circa 420 aerei da combattimento, tra cui anche aerei moderni come Me Bf 109E-3, Hurricane Mk I e Ik-3 (di costruzione nazionale).
4 Si trattava di un non meglio identificato tipo di autoblinda della Prima Guerra Mondiale di produzione locale.
5 Alcune fonti riportano erroneamente che gli R-35 fossero stati assegnati al 1° Battaglione. Il motivo di questa errata identificazione risiede nella presenza in alcune fotografie che ritraggono un R-35 dell'Esercito Reale recante su di una cassetta porta attrezzi laterale, uno stemma raffigurante una granata con un numero 1. In realtà si trattava di un contrassegno di origine francese che, semplicemente, non venne mai ricoperto con alcuna vernice.
6 Nel 1937 il governo jugoslavo avanzò una nuova serie di richieste agli ingegneri Škoda e nell'aprile 1938 la ditta cecoslovac-

Allo scoppio della Seconda Guerra Mondiale, l'Esercito Reale era diviso in 5 Corpi d'Armata, con sede a Novi Sad, Sarajevo, Skopje, Zagabria e Niš. Essi comprendevano 16 Divisioni di Fanteria, 1 Divisione Autonoma Guardie, 2 Divisioni di Cavalleria, 32 Reggimenti d'Artiglieria, 6 Reggimenti del Genio, servizi vari.

Nel marzo del 1941, il governo del Regno di Jugoslavia, nato grazie all'accordo politico tra il serbo Dragiša Cvetković e il croato Vladimir Maček, stava negoziando con i tedeschi per unirsi alle potenze dell'Asse. Il 25 marzo il Primo Ministro Cvetković sottoscrisse l'adesione della Jugoslavia al Patto Tripartito siglato da Italia, Germania e Giappone, segnando il destino del Paese. Il 27 marzo 1941, trascorse solamente 36 ore dopo tale decisione, una parte delle Forze Armate jugoslave mise in atto una rapida azione di rovesciamento del governo. Un gruppo di ufficiali dell'Aeronautica Reale dei reparti di stanza nella Jugoslavia occidentale, guidati dal generale Dušan Simović, scatenò infatti un colpo di stato. A Belgrado l'insurrezione fu appoggiata anche dalla Guarnigione dell'Esercito, che schierò i carri armati R-35 del 2° Battaglione comandato dal maggiore Danilo Zobenica in posizioni chiave della capitale. I blindati non dovettero sparare nemmeno un colpo, ma esercitarono indubbiamente un forte impatto psicologico. Alcuni R-35 impiegati in quell'occasione mostravano slogan politici dipinti sulla torretta, ad esempio "Per il Re e la Patria" ("За Краља и Отаџбину"). Nel giro di poche ore, il governo neutrale e filo-Asse fu pertanto destituito, ed il giovane principe Pietro fu nominato dagli insorti re di Jugoslavia. Il giorno stesso fu sconfessata l'adesione al Tripartito ed il 5 aprile, la Jugoslavia firmò un patto di non aggressione con la Russia.

Il nuovo governo, formatosi a seguito del colpo di stato, si preoccupò della possibile reazione delle forze dell'Asse ed iniziò a prepararsi alla mobilitazione. In quel momento il Regno di Jugoslavia disponeva sulla carta di un Esercito numericamente abbastanza consistente. Secondo il piano segreto di mobilitazione militare del Quartier Generale jugoslavo (nome in codice "R 41") si sarebbe potuto disporre di circa 1 milione e 200 mila soldati di prima linea e di circa 500 mila di seconda linea, in caso di guerra. L'intero processo si rivelò tuttavia lento e mal organizzato e quindi solo meno di 600.000 uomini risultarono effettivamente mobilitati. In conseguenza di questo improvviso mutamento di alleanze, il Regio Esercito inviò prontamente numerose Divisioni a protezione dei confini italiani e albanesi. Una potente armata jugoslava si stava infatti dispiegando lungo la frontiera con l'Albania, mentre al confine con l'Italia la situazione appariva più calma. Adolf Hitler reagì senza indugio al "tradimento" dell'ex alleato e la mattina del 6 aprile 1941 scattò l'operazione "Unternehmen Strafgericht"[7], consistente in un massiccio bombardamento di Belgrado, che causò il collasso della struttura di comando jugoslava. La diplomazia tedesca sollecitò immediatamente i Paesi Alleati, Italia, Bulgaria e Ungheria, a prendere parte al nuovo conflitto. Il 6 aprile, come la Germania, anche l'Italia iniziò le operazioni contro la Jugoslavia.

Elementi del 1° Battaglione Veicoli da Combattimento, unità posta agli ordini del maggiore Stanimir Misić e dotata dei veicoli blindati più vecchi, erano schierati a difesa di grandi città come Sarajevo e Zagabria. La gran parte del 2° Battaglione, passato al comando del capitano

---

ca presentò il prototipo di un nuovo modello, Š-I-j (dove "j" stava per jugoslávský, jugoslavo), più grande, con sospensioni migliorate, nuovo motore ed armamento potenziato. Il mezzo fu testato lungamente nel biennio 1939-40, ma l'Esercito Jugoslavo decise di concentrarsi su carri armati più pesanti, segnando la fine di questo progetto. Il prototipo, riportato in Cecoslovacchia, fu infine prelevato dalle Waffen-SS il 17 settembre 1943 ed inviato a Monaco per essere sottoposto a nuove prove. La sua sorte è ignota, ma nel 1946 questo tipo di veicolo era ancora compreso nel catalogo dei prodotti da esportazioni di Škoda.

[7] "Operazione Castigo". Con essa, prese il via l'attacco alla Jugoslavia, noto anche come "Guerra d'Aprile".

Ljubisa Terzić, era invece posizionata a difesa della capitale Belgrado, ad eccezione di una Compagnia[8] inviata a protezione di Skopje già nell'autunno del 1940. Non appena le forze dell'Asse attaccarono il Regno di Jugoslavia, il 2° Battaglione fu spostato da Belgrado alla Croazia settentrionale, nella speranza di impedire ogni possibile avanzata nemica. Il 9 aprile il Battaglione raggiunse Đakovo in Dalmazia, dove fu impegnato nel tentativo di sedare la ribellione croata, volta a disarmare l'unità dell'Esercito Reale acquartierata nella città. La situazione stava però degenerando. Il giorno successivo 10 aprile, fu dichiarata la nascita dello Stato Indipendente di Croazia (Nezavisna Država Hrvatska - NDH), con il sostegno dei tedeschi. Questo evento acuì lo stato di confusione che regnava tra le fila dell'Esercito Reale Jugoslavo di stanza in Croazia, che era sul punto di cedere a causa della resistenza opposta dagli stessi soldati ribelli di etnia croata e della rapida progressione delle truppe dell'Asse. Per questo motivo, alcuni elementi del 2° Battaglione furono rapidamente trasferiti in Bosnia, attraverso il fiume Sava e il 13 aprile raggiunsero Gračanica, per sostenere la 2ª Armata jugoslava. Il Comando Supremo della 2ª Armata ordinò la formazione di tre distaccamenti motorizzati, equipaggiati ciascuno con 5 carri armati R-35, 5 autocarri e supporto di fanteria. Queste unità avrebbero dovuto difendere l'area intorno a Bosanska Posavina dagli assalti dei ribelli croati che stavano ormai attaccando apertamente l'Esercito Reale Jugoslavo. A causa dello stato di confusione generalizzato in cui versavano le forze armate jugoslave, si riuscì a formare un solo reparto di pronto intervento, con non più di 3 o 4 carri armati R-35. L'unità fu nominata "Distaccamento Rapido della 2ª Armata" ed era comandata dal Generale Dragoljub Draža Mihailović[9]. Nella notte tra il 13 ed il 14 aprile, la formazione si mosse da Gračanica verso la sua area di designazione. Sulla strada per Bosanska Posavina incontrò un nutrito gruppo di forze insurrezionaliste croate, che sconfisse dopo un cruento scontro, e reparti tedeschi minori, ai quali inflisse alcune perdite. Il Distaccamento Rapido però fu raggiunto ed attaccato da reparti tedeschi nei pressi di Sarajevo, andando completamento distrutto. Gli altri reparti del 2° Battaglione di stanza in Bosnia furono in parte distrutti e in parte catturati dalla 14ª Panzer Division.

La Compagnia del 2° Battaglione di stanza in Macedonia era in perfetto assetto di guerra al momento dell'attacco dell'Asse ed il 6 aprile fu trasferita a Ježevo Polje a sostegno della Divisione "Bregalnička". Il giorno seguente, i carri jugoslavi contribuirono a rintuzzare un attacco germanico prima di ricevere l'ordine di ritirarsi verso Veles, nella Macedonia settentrionale. A causa della pesante offensiva tedesca, tutti gli R35 furono però persi o abbandonati dai loro equipaggi durante il tentativo di sganciamento.

Nello stesso giorno in cui la Croazia dichiarò la propria autonomia, la 2ª Compagnia del 1° Battaglione Veicoli da Combattimento dell'Esercito jugoslavo si arrese senza combattere a Zagabria ai Tedeschi; questi ultimi incamerarono immediatamente tutti i corazzati del reparto, 16 vecchi carri Renault FT-17. La 3ª Compagnia del 1° Battaglione, dislocata a Sarajevo, raggiunta la zona di Aranđelovac, si diresse in direzione di Orasac per fornire protezione a reparti jugoslavi in arretramento. Il contatto con le forze amiche però non avvenne e i mezzi si ritrovarono ben presto a corto di carburante. Il comandante del reparto ordinò di abbandonare i carri e l'unità si disperse senza opporre alcuna resistenza ai tedeschi. La 1ª

---

8 Si trattava verosimilmente della 3ª Compagnia.
9 Il Generale è famoso poiché diventò in seguito il Comandante del movimento dei Cetnici, il movimento di resistenza a base etnica serba, di stampo monarchico-conservatore e anticomunista fedele a re Pietro II, che fu impegnato in una lunga e accanita guerra civile contro i partigiani comunisti di Tito.

Compagnia fu la sola unità del 1° Battaglione a ingaggiare il nemico sul campo di battaglia. Nella notte sul 7 aprile, caricati uomini e mezzi su un treno, il reparto lasciò Skopje con destinazione Strumičko Polje, ove avrebbe dovuto appoggiare la Divisione "Šumadija". Alle 13 circa, i carristi jugoslavi avvistarono una colonna della 1ª Divisione Panzer SS "Leibstandarte SS Adolf Hitler" in avvicinamento. Ogni tentativo di organizzare un'efficace resistenza fu tuttavia immediatamente precluso da un'incursione aerea tedesca che distrusse la maggior parte dei carri leggeri jugoslavi, in seguito attaccati anche dai corazzati nemici giunti sul posto. Gli unici 4 carri superstiti attraversarono il confine con la Grecia nelle ore successive insieme ai resti di altri reparti jugoslavi, finendo poi per essere sabotati dagli equipaggi.

Il 6 aprile 1941, lo Squadrone Celere Veicoli da Combattimento, equipaggiato con 8 semoventi leggeri T-32, si trovava presso la Scuola di Cavalleria di Zemun, a nord di Belgrado. Il piccolo reparto corazzato era incaricato di proteggere l'aeroporto situato nella località da eventuali assalti di paracadutisti e di contrastare ogni possibile penetrazione nemica in direzione della capitale. Quattro giorni dopo, lo squadrone, ad eccezione di un semovente in riparazione, ricevette l'ordine di muovere verso sud nell'intento di raggiungere Niš e congiungersi alle unità della 6ª Armata jugoslava schierate in quel settore, minacciato dal 1. Panzergruppe del generale von Kleist. All'alba dell'11 aprile, superata Topola, lo Squadrone si dispose a difesa della rotabile che conduceva da Mladenovać a Belgrado. Due blindati partirono in esplorazione in direzione di Kragujevać ma con scarsa fortuna, poiché entrambi registrarono guasti meccanici: il primo fu abbandonato dall'equipaggio senza aver preso contatto con il nemico, il secondo uscì indenne da un breve scontro con una colonna corazzata tedesca prima di rimanere immobilizzato. I T-32 ancora efficienti tentarono invano di arrestare l'avanzata dei Panzer. Il comandante dello Squadrone, maggiore Dušan Radovic, riuscì a danneggiare alcuni blindati tedeschi ma rimase ucciso mentre tentava di lasciare il proprio semovente, ormai avvolto dalle fiamme. La guerra terminò il 17 aprile 1941 con la capitolazione jugoslava, alla quale seguirono l'occupazione e la divisione del territorio da parte delle forze dell'Asse: la famiglia reale e alcuni rappresentanti del Governo andarono in esilio in Gran Bretagna. Tutti i carri armati dell'Esercito Reale Jugoslavo furono utilizzati e persi (almeno una trentina completamente distrutti, gli altri catturati dal nemico) durante la "Guerra di Aprile". Diverse unità semplicemente si arresero, altre, come abbiamo visto, cercarono di resistere all'attacco italo-tedesco con scarso successo oppure lasciarono la Jugoslavia, riparando in Grecia. Nel complesso, le forze corazzate dell'Esercito Reale Jugoslavo risultarono essere troppo esigue per una guerra moderna, strategicamente impreparate e tecnicamente inferiori alle forze dell'Asse. I tedeschi catturarono almeno 78-80 carri armati e, alla fine di giugno 1941, alcuni, principalmente R-35, furono usati per formare la Panzer Kompanie z.b.V.12, impegnata nella lotta contro il movimento di resistenza in Jugoslavia.

Colorazione dei mezzi corazzati jugoslavi

I carri armati FT-17, M-28 e R-35 dell'Esercito Reale Jugoslavo mantennero la colorazione in verde scuro francese, anche se un numero ristretto di FT e M-28 avevano una colorazione mimetica. Gli FT-17 conservarono l'originale numerazione francese in bianco dal 66000 al 74000 sulle piastre anteriori e laterali sinistre. Gli M-28 recavano numeri a due cifre compresi tra l'81 e l'88, anch'essi dipinti sul davanti o sul lato sinistro. I primi carri armati R-35, avevano mantenuto sulla piastra anteriore e posteriore i numeri di registrazione francesi a quattro cifre, da 49XX a 50XX, in bianco. Inoltre, durante il colpo di stato del 27 marzo, vari R-35 esibivano slogan patriottici sulla torretta. La presenza di un simbolo sulla cassetta portattrezzi laterale di alcuni R-35 dell'Esercito Reale, raffigurante una granata con un numero 1, ha fatto ipotizzare che questi mezzi fossero stati assegnati in carico al 1º Battaglione Veicoli da Combattimento (e non al 2º). In realtà si trattava di un emblema francese, tipico delle unità di provenienza di questi carri, che non fu mai ricoperto né riverniciato.

Le tankette Škoda Š-I-D (T-32) presentavano il classico mimetismo a chiazze a bordi netti dell'Esercito Ceco, marrone scuro, verde scuro e ocra e non avevano segni identificativi specifici.

▲ Carristi Jugoslavi a bordo di un Renault FT-17 alla fine degli anni '20.

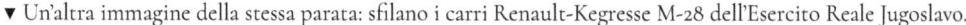

▲ Due autoblindo Automitrailleuse White M1918 delle unità corazzate jugoslave sfilano davanti ad autorità militari, probabilmente all'inizio degli anni '30.

▼ Un'altra immagine della stessa parata: sfilano i carri Renault-Kegresse M-28 dell'Esercito Reale Jugoslavo.

▲ Un M-28 jugoslavo. Carri di questo tipo furono esclusivamente assegnati al 1° Battaglione Veicoli da Combattimento.

▼ Il re di Jugoslavia Pietro II prova personalmente il primo carro francese R-35 consegnato all'Esercito Reale.

▲ Il giovanissimo Pietro II, sovrano della Jugoslavia, ispeziona il carro R-35.

▼ Vista frontale di un Renault R-35 in forza all'Esercito Reale jugoslavo. Il carro è interamente dipinto in verde scuro francese.

▲ Una moderna tankette di produzione cecoslovacca T-32 (anche conosciute come Š-I-D) nel corso di una parata nel 1940. La fotografia permette di apprezzare la tipica colorazione mimetica cecoslovacca del mezzo.

▼ Rara immagine di capocarro di un T-32: la foto permette di apprezzare l'uniforme ed il casco da carrista di produzione francese, utilizzati dagli equipaggi dei corazzati jugoslavi.

▲ Vista posteriore di una tankette Škoda T-32 (Archivio degli autori).

▼ Soldati dalla Guarnigione dell'Esercito di Belgrado, appoggiati da un carro armato Renault R-35 del 2° Battaglione, durante il colpo di stato del 27 marzo 1941 per le vie della capitale jugoslava.

▲ Un'altra immagine delle strade di Belgrado durante l'insurrezione, si nota anche una postazione antiaerea.

▼ Un carro armato Renault R-35 del 2° Battaglione sulla Ulica Kneza Miloša (via Principe Mihailo) durante l'insurrezione anti-governativa del 27 marzo 1941. Mihailo Obrenović III di Serbia, governatore del paese, riuscì nel 1867 a cacciare definitivamente i Turchi dal Paese, con un'oculata attività diplomatica.

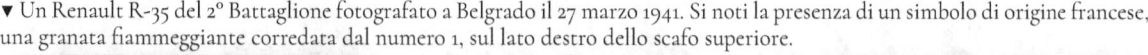

▲ Un altro Renault R-35 nei pressi Ulica Kneza Miloša con uno slogan politico dipinto sulla torretta: "Per il Re e la Patria".

▼ Un Renault R-35 del 2° Battaglione fotografato a Belgrado il 27 marzo 1941. Si noti la presenza di un simbolo di origine francese, una granata fiammeggiante corredata dal numero 1, sul lato destro dello scafo superiore.

▲ Un carro Renault-Kégresse M-28 ed un FT-17 distrutti ed abbandonati durante la "guerra di aprile" (B.A.).

▼ Un altro Renault-Kégresse M-28 abbandonato al termine degli scontri con le soverchianti forze tedesche d'invasione.

▲ Molti carri armati jugoslavi furono abbandonati intatti dai propri equipaggi, spaventati dalla fulminea azione germanica. Per questo motivo larga parte dei blindati dell'Esercito Reale Jugoslavo poterono essere incamerati dalle truppe tedesche.

▼ Uno degli R-35 assegnati al "Distaccamento Rapido della 2ª Armata" messo fuori combattimento all'interno di un centro abitato durante la "Guerra d'Aprile".

▲ Un Renault R-35 abbandonato in Bosnia settentrionale. Sulla piastra frontale del mezzo spicca, a destra, il numero di registrazione francese: 5009.

▼ Reparti motorizzati tedeschi superano una tankette Š-I-D abbandonata intatta dall'equipaggio lungo una rotabile. La T-32 si rivelò un mezzo sufficientemente moderno e ben armato, ma lo scarso numero di esemplari prodotti ed acquistati dalla Jugoslavia non permise di farne apprezzare a fondo le qualità.

▲ Un'altra T-32 colpita ai cingoli ed abbandonata

▼ Vista posteriore di tre quarti di una tankette Š-I-D al termine degli scontri con i tedeschi

▲ Un semovente leggero T-32 abbandonato dopo aver riportato dei danni al cingolo sinistro.

▼ Un altro scatto dello stesso semovente, attorniato da soldati tedeschi.

▲ Interessante cartina che mostra la spartizione del territorio jugoslavo tra Regno d'Italia, Reich, Ungheria, Stato Indipendente di Croazia, Bulgaria.

▼ Questa blindo White M1918 è stata distrutta nelle vicinanze di Mladenovac, località situata circa 60 km a sud di Belgrado.

▲ Oltre allo Squadrone Celere Veicoli da Combattimento, anche un plotone di tre autoblindo era di stanza a Zemun alla vigilia dell'offensiva dell'Asse. L'esemplare di questa immagine, una Berliet-White M1918, dovrebbe essere caduto in mani tedesche a sud di Belgrado.

▼ I carri in buone condizioni predati dai tedeschi, come l'M-28 di questa immagine, furono sottoposti a diverse prove.

▲ Carri leggeri jugoslavi FT-17 catturati dai tedeschi. Il blindato in primo piano è provvisto di una torretta ottagonale a piastre rivettate, armata con il classico cannone Puteaux SA 18 da 37 mm.

▼ Le tankette Š-I-D catturate dai tedeschi furono reimpiegate dalla Wehrmacht dopo l'annientamento dell'Esercito jugoslavo, con la denominazione ufficiale di PzKpfW 732 (j). Come si nota in questa foto scattata a Topola in Serbia, i mezzi furono ridipinti in panzergrey e ricevettero le croci tedesche, come simbolo identificativo.

▲ La vittoriosa campagna jugoslava fruttò ai tedeschi un discreto bottino di carri armati, compresi i Renault FT-17 di questa fotografia.

▲ Un Renault R-35 abbandonato in Bosnia settentrionale. Sulla piastra frontale del mezzo spicca, a destra, il numero di registrazione francese: 5009.

▼ Due motociclisti tedeschi si fanno immortalare su una tankette T-32 catturata.

▲ Un motociclista tedesco sosta davanti alla tankette dell'immagine precedente.

▼ La caratteristica mimetica cecoslovacca, a tre toni e a bordi netti, risalta chiaramente su questi due semoventi leggeri Š-I-D ritratti nel 1938.

▲ Due semoventi leggeri T-32 fotografati prima dello scoppio della guerra.

▼ Una colonna di semoventi leggeri Š-I-D. Si tratta di mezzi ritratti durante un'esercitazione tenutasi prima della guerra.

▲ Una tankette T-32 catturata dai tedeschi in Serbia nel 1941.

▼ Elementi della 11ª Divisione Panzer incrociano i resti di una colonna motorizzata jugoslava nei pressi di Topola l'11 dicembre 1941.

▲ Tre militari jugoslavi posano con un carro leggero FT-17. La fotografia risale probabilmente ai primi anni '30.

▼ Un M-28 jugoslavo. Carri di questo tipo furono esclusivamente assegnati al 1° Battaglione Veicoli da Combattimento.

▲ Un carro Renault M-28, numero individuale 81, sfila lungo una via di Belgrado. L'armamento principale del blindato è costituito da una mitragliatrice Hotchkiss da 8 mm.

▼ Carri M-28 in parata. La descrizione originale di questa fotografia riporta la data del 27 marzo 1941, il giorno del colpo di stato che portò il principe Pietro al trono di Jugoslavia. Non si può tuttavia escludere che lo scatto risalga ai primi anni '30 (US NARA).

▲ Un altro carro leggero M-28 jugoslavo abbandonato dal proprio equipaggio.

▼ Un Renault-Kegresse M-28 distrutto probabilmente il giorno successivo all'avvio dell'Operazione "Unternehmen 25", l'invasione della Jugoslavia (B.A.).

ŠKODA T-32
SQUADRONE CELERE VEICOLI DA COMBATTIMENTO
ESERCITO REALE JUGOSLAVO 1941

RENAULT R-35
2° BATTAGLIONE
BELGRADO 27 MARZO 1941

PANZER I AUSF A
DELLA GUARDIA NAZIONALE CROATA 1942

HOTCHKISS H39
DI UNA BRIGATA USTAŠA 1943

CARRO LEGGERO L3/33
DI UNA BRIGATA USTAŠA
SECONDA METÀ DEL 1944

SEMOVENTE DA 47/32 L40
DEI DOMOBRANCI SLOVENI
SECONDA METÀ DEL 1944

© Paolo Paolino Crippa 2020

▲ Profile di mezzi corazzati Jugoslavi, croati e sloveni (tavola originale di Paolo Crippa)

REPARTI CORAZZATI CROATI

Il 10 aprile 1941, quattro giorni dopo l'invasione tedesca della Jugoslavia, la Croazia si dichiarò Stato indipendente, retto da un governo guidato da Ante Pavelic, capo dell'organizzazione politico-militare filofascista degli Ustaša. Vero e proprio emissario dei dettami del Reich tedesco, animato da spirito anti-jugoslavo, Pavelic pianificò una severa pulizia etnica del Paese, indirizzata soprattutto verso i Serbi, ritenuti i veri nemici della Croazia, gli Ebrei e gli Zingari. Lo Stato Indipendente di Croazia (Nezavisna Drzava Hrvatska o N.D.H.) comprendeva parte dell'attuale Croazia e l'intera Bosnia – Erzegovina. Formalmente si trattava di una monarchia e di un protettorato italiano, retto dal principe Aimone di Savoia – Aosta, che non mise mai piede sul suolo croato, lasciando così il Paese nelle mani di Pavelic. In realtà, il territorio croato era occupato sia dalle Forze Armate italiane che da quelle tedesche, mentre la Dalmazia fu annessa al Regno d'Italia. La Croazia, ovviamente alleata della Germania e dell'Italia, organizzò rapidamente delle Forze Armate: il giorno successivo alla dichiarazione d'indipendenza fu creata la Guardia Nazionale Croata (Hrvastko Domobranstvo), dipendente dal Ministero della Difesa. Il 16 aprile, furono organizzate le Forze Armate vere e proprie, costituite dall'Esercito (Kopnena Vojska), dall'Aeronautica (Zrakoplovstvo Nezavisne Drzave Hrvatske) e dalla Gendarmeria (Hrvastko Oružništvo). Gli Ustaša si trovarono comunque ad assumere una posizione di formazione paramilitare preminente, molto simile, nelle intenzioni di Pavelic, alle Waffen SS. La vastità e la natura del territorio croato, prevalentemente montuoso, e la necessità di tenere a bada sia i partigiani titini sia i Cetnici di Mihailovic furono i motivi che spinsero le autorità militari ad organizzare unità blindate di supporto alla Fanteria, chiedendo mezzi corazzati alla Germania e all'Italia. Il 1° luglio tutti gli appartenenti ai disciolti reparti carristi furono destinati al 1° Battaglione Mobile di Zagabria (1. Automobilskog Batalijuna Domobranstva), per ordine del Comando delle Forze di Terra, per la ricostituzione delle unità carriste, ma la situazione dell'equipaggiamento si rivelò drammatica, poichè mancavano del tutto i mezzi corazzati. Il governo aveva infatti tentato di impadronirsi dei carri armati del dissolto Esercito Reale Jugoslavo, ma la maggior parte di questi mezzi fu requisita d'autorità dalle forze di occupazione tedesche, fatta eccezione per alcuni Renault FT-17 e R-35. La Germania fornì agli Ustaša nella tarda primavera del 1941 un certo numero di carri armati di scarso valore bellico (tankette polacche e vetusti Renault FT-17, questi ultimi già appartenuti all'Esercito Reale jugoslavo) e solo a dicembre 4 Panzer I per la Guardia Nazionale Croata. La Croazia ottenne dal regime fascista 15 carri L3, da destinare all'equipaggiamento dei propri reparti corazzati; nell'ottobre dello stesso anno fu organizzata a Zagabria una Compagnia Corazzata facente capo al Battaglione delle Guardie Poglavnikova Tjelesna Bojna (P.T.B.); "Poglavnik" era l'appellativo con cui veniva indicato Pavelic, un appellativo che, tradotto in italiano, suona come "guida", un chiaro richiamo al fascista "Duce" ed al nazista "Führer". La Compagnia, che era di fatto il primo reparto corazzato della Croazia libera, era dotata inizialmente di 6 carri leggeri italiani L3/33 e 4 tankette polacche TK-3; nel corso del conflitto questa unità fu impegnata duramente nella lotta di repressione antipartigiana.

In un primo momento i reparti corazzati, per lo scarso livello di addestramento e la carenza di blindati, furono usati solamente per compiti di scorta ai convogli e di presidio, ma iniziarono ad essere impiegati anche in operazioni antipartigiane già dal dicembre 1941.

All'inizio del 1942, lo Stato Maggiore croato decise di incrementare il potenziale offensivo degli Ustaša, aggregando una compagnia corazzata a ciascuna delle prime 5 Brigate Ustaša, ognuna con 2/6 carri leggeri italiani; nello stesso periodo erano in fase di organizzazione anche 4 Brigate da Montagna e 4 Brigate Jäger della Guardia Nazionale Croata e ciascuna di queste avrebbe dovuto avere in organico un Plotone Carri composto da 3 carri medi e 2 carri leggeri. Secondo un rapporto dei servizi segreti britannici, a metà dello stesso anno l'Esercito Croato disponeva di 12 carri Renault FT-17, impiegati su treni armati; sempre lo stesso rapporto indica come l'Esercito avesse ottenuto dalle Forze Armate tedesche la promessa di ricevere 21 carri da 5 tonnellate, probabilmente degli LT-34 Cecoslovacchi, da destinarsi al III Corpo per l'impiego in Bosnia. Questi carri in realtà non furono mai consegnati, dato che si trattava di mezzi in pessime condizioni, tanto da risultare praticamente inutilizzabili. Tra l'autunno del 1942 e l'inizio del 1943 (le fonti discordano sulla data) anche l'Ungheria fornì corazzati alla Croazia, inviando un lotto di 10 carri leggeri L3/33 (alcuni con la cupola del capocarro modificata); questi carri confluirono in un unico Battaglione corazzato insieme a quelli italiani già presenti. I carri armati disponibili venivano spesso inviati in maniera indipendente in zone dove era necessario l'intervento di piccoli reparti corazzati, a temporaneo supporto delle unità impegnate nella lotta antipartigiana.

A partire dal 1943, gli Ustaša accrebbero ulteriormente il loro potenziale ed il loro armamento, a discapito dell'Esercito regolare. Complessivamente in quel periodo la Croazia poteva disporre di una quarantina di carri leggeri, soprattutto carri L3 italiani e tankette polacche TK-3 (anche nella versione TKF, ricondizionata con un motore Fiat 122BC, prodotto su licenza in Polonia). In considerazione dell'eterogeneità di mezzi disponibili il 1° luglio 1943, fu creato a Zagabria il Comando Truppe Blindate, dipendente dal Ministero della Difesa; suo compito era l'approvvigionamento e la manutenzione dei corazzati, oltre all'addestramento degli equipaggi. Questo Comando, talora indicato anche come Comando delle Compagnie Corazzate, avrebbe dovuto coordinare le Compagnie Corazzate che si andavano costituendo per le Brigate di Jäger e da Montagna. Nelle intenzioni dei comandi croati, come abbiamo visto, si sarebbero dovuti formare 8 plotoni corazzati, con 5 carri ciascuno, tra Panzer I, TK-3, TKF ed altri carri armati forniti dai Tedeschi[10].

Con la capitolazione dell'Italia seguita all'Armistizio, i croati riuscirono ad accaparrarsi 26 carri leggeri L6/40 ed un numero imprecisato di semoventi L40 da 47/32, giacenti nei depositi italiani della costa dalmata; una decina di L6/40 furono catturati dagli Ustaša nelle zone di Jastrebarsko e Karlovac; a dicembre i Tedeschi fornirono dell'altro materiale, cedendo 13 carri L3, preda dell'Armistizio, alla IV Brigata Ustaša; secondo un rapporto dei servizi segreti tedeschi in quel periodo i Croati disponevano anche di alcuni Pz.Kpf. I ausf. A[11]. Testimonianze fotografiche permettono di asserire con certezza che la milizia di Pavelic disponeva anche di autoblindo AB41 e di autocarri FIAT 666 NM scudati, sebbene questi mezzi non figurino in

---

10 Alcune fonti citano addirittura l'esistenza di un programma tedesco di cessione di Panzer II e Panzer III alla Hrvastko Domobranstvo, in quantità sufficiente da rafforzare tutte le Brigate in costituzione con un Plotone corazzato organico, programma che ovviamente non andò in porto.

11 Risultano presenti nel territorio del Reich alcuni equipaggi di carristi croati nel 1944, per seguire un corso di addestramento all'uso di Panzer IV. Fonti partigiane, inoltre, sembrerebbero confermare l'uso di almeno un esemplare di carro armato più pesante rispetto a quelli impiegati dai croati a Sernya da parte degli Ustaša (forse un Panzer IV). Alcune fonti riportano inoltre la notizia della cessione di 20 Pz. Kpfw. III Ausf. N, 10 Pz. Kpfw. IV Ausf. F, e 5 Pz. Kpfw. IV Ausf. H alla P.T.D. nell'autunno 1944. Questi carri avrebbero preso parte agli scontri contro l'Armata Rossa e l'Esercito bulgaro in Croazia nel 1945.

alcun documento ufficiale. Nel frattempo, nel mese di ottobre, le forze corazzate degli Ustaša furono consolidate in una Brigata Celere, "Brzi Ustaski Zdrug", con sede a Travnik, che aveva una forza nominale di 2 Battaglioni di carri armati e 2 Battaglioni Motorizzati. A partire dalla fine del 1943, i reparti corazzati degli Ustaša furono impiegati principalmente in tre aree: a sud ovest ed a nord di Zagabria (Zagoje) e nel settore di Gospic.

All'inizio del 1944, le Brigate da Montagna e di Jäger risultavano equipaggiate con carri L3 italiani, con tankette TK-3 polacche e con Hotchkiss H39 francesi (questi erano stati assegnati dai tedeschi in un numero non superiore a 10/12; si trattava di prede belliche)[12]. Nella primavera del '44 i Tedeschi cedettero 4 semoventi italiani L40, che andarono ad equipaggiare il Reggimento d'Artiglieria della Guardia di Pavelic. Reparti corazzati della P.T.B. presero parte all'operazione antipartigiana dell'Operazione Rouen sui Monti Kalnik a nord-est di Zagabria nel luglio 1944. A novembre, Ante Pavelic decise la fusione tra l'Esercito e l'Ustaša Vojnica, che ormai deteneva il primato in termini di potenziale militare, in una forza armata unitaria, l'Hrvastke Oruzane Snege, mentre la Guardia del Poglavnik mantenne la sua indipendenza. Il Reggimento Mobile dell'Esercito confluì nella Compagnia Blindata della Guardia del Poglavnik, che andò sempre più ad assumere la struttura di una Divisione meccanizzata, diventando infatti nel gennaio 1945 Poglavnikova Tjelesna Divjzia (P.T.D.). I reparti corazzati dell'Esercito confluirono nelle cosiddette "Divisioni d'Elite" (Hrvatska Udarna Divizja), che furono impiegate a sud ovest ed a nord est di Zagabria. Stando ad alcune fonti postbelliche, proprio in questo periodo la Germania avrebbe ceduto alla Croazia tra i 20 ed i 25 Pz.Kpf. III ausf. N, 10 Pz.Kpf. IV ausf. F, 5 Pz.Kpf. IV ausf. G ed una quindicina di semicingolati blindati Hanomag Sd.Kfz 251; gli equipaggi di questi blindati sarebbero stati composti da Ustaša e sarebbero stati formati da istruttori tedeschi[13].

Alla fine del 1944 le Forze Armate croate disponevano complessivamente di 85 mezzi corazzati così distribuiti:

- P.T.B.   = 35 mezzi
- Brigate Ustaša   = 26 mezzi
- Brigate da Montagna   = 9 mezzi
- Brigate di Riserva   = 7 mezzi
- Brigata Mobile (Brzi Zdrug)   = 5 mezzi
- Reparti vari   = 3 mezzi

Come si nota, non risulterebbero mezzi corazzati assegnati alle Brigate di Jäger in quel periodo; come vedremo successivamente, a fine 1944 furono in effetti sciolti i plotoni blindati di queste Brigate. Alcune testimonianze sostengono che, nel gennaio 1945, alcuni carri armati croati (presumibilmente si tratterebbe di Panzer IV ricevuti dai tedeschi alcuni mesi prima o, più probabilmente, di carri di una delle tre Infanterie-Division) furono inviati in Sirmia per contribuire a sostenere l'urto delle armate Russe e Bulgare, ma la notizia non trova riscontro in documenti ufficiali. I primi mesi del 1945 videro accrescere l'intensità della pressione dei partigiani titini e, di conseguenza, l'impegno dei reparti blindati croati si moltiplicò. Per

---

12 Dichiarazione del Podpukovnik (tenente colonello) Ivan Babic, resa all'intelligence alleata durante un suo interrogatorio, immediatamente dopo la sua diserzione.
13 Esistono fotografie di Pz.Kpf. IV con insegne croate, ma, con ogni probabilità, si tratta di mezzi aggregati alle 3 Divisioni tedesche costituite da personale di origine croata.

ordine diretto di Pavelic, nei primi giorni di maggio si concentrò a Zagabria il grosso delle Forze Armate croate; l'ordine era di spostarsi verso l'Austria, in modo da sfuggire alla morsa titina. Oltre ai carri della P.T.D., furono rimessi in efficienza anche carri armati in fase di riparazione, in modo da garantire un'efficace protezione durante il progettato ripiegamento. Aprendosi la strada combattendo, i croati raggiunsero la frontiera austriaca il 14 maggio, dove furono sostenuti gli ultimi scontri. I sopravvissuti furono concentrati nel campo di prigionia britannico di Grafenstein, nei pressi di Klagenfurt, ma molti di loro furono poi prelevati da partigiani jugoslavi. Per questi uomini ebbe inizio una drammatica marcia verso Lubiana, nel corso della quale furono sottoposti ad atrocità tali che questo lungo viaggio fu definito successivamente "Via Crucis". Molti ufficiali furono passati per le armi, la sorte peggiore toccò agli Ustaša (malvisti dalla maggior parte della popolazione croata) ed a molte delle loro famiglie.

I reparti croati

Qui di seguito vengono riassunte le informazioni disponibili sulle unità blindate croate, di cui si ha notizia nella documentazione ufficiale.

Compagnia Carri della I Brigata Ustaša
A partire dal dicembre 1941, fu equipaggiata con un numero non precisato di carri CV33 italiani. Nell'autunno 1942 era dislocata a Sarajevo e cedette 2 carri alla V Brigata Ustaša, rimanendo con 6 carri leggeri disponibili. Con questo organico prese parte all'Operazione "Jajce I". Alla fine del 1944, con soli 3 carri operativi, venne contratta in un unico plotone.

Compagnia Carri della III Brigata Ustaša
Si sa solamente che fu formata all'inizio del 1944 con 7 carri armati.

Compagnia Carri della IV Brigata Ustaša[14]
Fu formata nell'agosto 1942 a Gospic, con la denominazione di 3ª Compagnia Carri del P.T.B. Risultavano in carico all'unità 7 carri L3[15] ed un organico di 2 ufficiali, 5 sottufficiali e 32 uomini di truppa alla data del 15 ottobre 1943 ed era comandata dall' Ustaša Nadporučnik (Tenente degli Ustaša) Ivan Milardović. Tra marzo e giugno 1943 la Compagnia fu impegnata in durissime operazioni contro i partigiani, tanto che un rapporto di fonte partigiana, datato 11 giugno 1943, indica disponibili presso il reparto 10 carri L3 italiani, dei quali solamente 6 efficienti. Nella primavera del 1944, la Compagnia appariva in un ordine di battaglia con un parco mezzi composto da 7 carri L3 e 39 veicoli motorizzati di vario tipo; a luglio un documento la citava come dipendente dalla IV Brigata Ustaša, dislocata a Gospic con 15 carri leggeri. La Compagnia risultava ancora operativa con 8 carri armati CV33 alla fine del 1944.

Compagnia Carri della V Brigata Ustaša
A causa della mancanza di mezzi corazzati, nel maggio 1942 questa Compagnia fu inizialmente costituita utilizzando 2/3 autocarri corazzati con blindature di fortuna, denominati "Oklopni

---
14 Indicata in alcuni documenti come 3ª Compagnia Carri del P.T.S.
15 Indicati stranamente come monoarma nella documentazione ufficiale.

Samozov". Operava in Erzegovina orientale ed in Bosnia centrale, alla fine del 1942 ricevette 2 carri armati L3 dalla I Brigata; la Compagnia aveva sede a Livno ed un organico di 1 ufficiale, 3 sottufficiali e 48 uomini di truppa. Uno degli autocarri blindati fu catturato dai partigiani jugoslavi, che lo riutilizzarono in un attacco alla guarnigione di Kupres, nel dicembre 1942; l'autocarro fu riconquistato dagli Ustaša nel corso di quei combattimenti. Nel gennaio 1944, risultava operativa a sud di Sarajevo, probabilmente aggregata alla I Brigata Ustaša.

Compagnie Carri del P.T.B.

Una Compagnia carri del P.T.B. venne menzionata per la prima volta l'8 dicembre 1941, quando partecipò con i suoi carri[16] ad una parata a Zagabria, inserita nel Gruppo Motorizzato (Brzi Sklop) della Guardia del Poglavnik. Partecipò ad una vasta operazione contro l'insurrezione nell'area di Kordun, oltre che ad operazioni antipartigiani con 6 carri CV35 a gennaio del 1942; per tutto il semestre successivo la Compagnia risultava equipaggiata di solo 5 carri CV35. Ad agosto la Compagnia fu riorganizzata e suddivisa in 1ª e 2ª Compagnia Carri, probabilmente perché aveva ricevuto mezzi di rinforzo (risale a quel periodo la cessione alla Croazia di 10 carri L3 da parte dell'Ungheria), con sede a Zagabria; in quel periodo era assegnata al P.T.P. anche la 3ª Compagnia Carri, dislocata a Gospic con la IV Brigata. I rapporti dei mesi successivi indicano per le due Compagnie sempre un organico di 10 carri L3, impegnati in operazioni di controguerriglia, tutti del tipo CV35. All'inizio del 1943 gli Ustaša e la Guardia Nazionale condussero una serie di operazioni nell'area di Zumberak, per ristabilire il controllo della regione; fondamentale fu il sostegno fornito dalle due Compagnie Corazzate del P.T.B., soprattutto nello sgomberare le vie di comunicazione stradali e ferroviarie tra Karlovac e Zagabria. Nella primavera del 1943, le Compagnie operarono dapprima in Slavonia e successivamente nella zona di Varazdin, con un parco mezzi costituito complessivamente da 12 carri veloci. Ad agosto la 1ª Compagnia era dislocata a Zagabria e la 2ª a Krapina; a fine anno, il numero dei blindati era salito a 20, probabilmente grazie ai carri L3 e L6 catturati ai reparti italiani dopo l'Armistizio. Nel 1944, le due Compagnie furono concentrate nuovamente a Zagabria, alle dipendenze del Gruppo Motorizzato, fondendosi in un'unica unità, Il Gruppo Corazzato; ad aprile il Gruppo passò alle dirette dipendenze del Comando del P.T.B. e disponeva di 20 carri leggeri L3 e di un numero imprecisato di carri L6/40. Dopo essere stato duramente impegnato in azioni contro i partigiani titini per tutta la primavera, il Gruppo Corazzato fu riorganizzato secondo questo organigramma:

- 1ª Compagnia Carri Medi su 15 carri;
- 2ª Compagnia Carri Leggeri su 7 carri[17];
- 3ª Compagnia Fanteria Motorizzata;
- 4ª Compagnia Fanteria Motorizzata;
- 5ª Compagnia Comando con Plotoni Genio, Segnalazioni, Anticarro e Manutenzione.

---

16 Alcune fonti riportano che, probabilmente, la Compagnia disponeva di tankette polacche TK-3; questa informazione contrasta con quanto riportato in documenti successivi alla parata che, come si legge nelle righe successive, parlano sempre di carri armati leggeri italiani.
17 In un rapporto del 15 giugno il P.T.D. segnalava di disporre di 26 carri L6/40, ma che per mancanza di pezzi di ricambio, solo 4 risultavano operativi. Il P.T.D. era in attesa dei necessari ricambi, richiesti alle autorità tedesche.

In quel periodo il Gruppo Motorizzato del P.T.B. aveva ancora in organico la 3ª Compagnia Carri, assegnata alla IV Brigata Ustaša a Gospic con 15 carri leggeri. Ad ottobre, sia il Gruppo Corazzato che il Gruppo Motorizzato presero parte alla difesa della città di Koprivnica, stretta dalla morsa partigiana, perdendo 6 mezzi corazzati. Alla fine dell'anno, il Gruppo Corazzato disponeva delle due Compagnie, ciascuna con 10 carri armati, mentre il Gruppo Motorizzato aveva una Compagnia con 8 carri. Prima della fine del conflitto ci fu tempo per un'ulteriore riorganizzazione: nei primi giorni di aprile del 1945 fu creato il Poglavnikov Tjelesni Sdruga (P.T.S. o Corpo delle Guardie del Poglavnik), composto dalla P.T.D., dalla 1ª Divisione d'Elite Croata (Hrvatska Udarna Divizja o H.U.D.) e dalla 5ª Divisione d'Elite Croata. La P.T.D. aveva in organico il Gruppo Corazzato, formato dalle due Compagnie[18], ed un Gruppo Motorizzato; un altro Gruppo Motorizzato risultava in organico anche alla 1ª Divisione. Nei primi giorni di maggio il Poglavnik ordinò di concentrare tutti i carri armati disponibili a Zagabria, per tentare di organizzare una ordinata ritirata verso l'Austria. I carri armati, provenienti non solo dal Gruppo Corazzato della P.T.D., ma probabilmente da più unità, avrebbero dovuto coprire i movimenti delle Forze Armate della Croazia Libera. Sostenendo pesanti combattimenti, il 14 maggio le unità superstiti avevano raggiunto il confine austriaco, con ancora una trentina di carri armati operativi. Proprio in quella giornata si registrò l'ultima perdita di blindati, dato che 3 carri furono distrutti da colpi di bazooka nel corso di uno scontro con l'8ª Brigata Partigiana a sud di Dravograd.

Ustaša Obrana (Reparto di Difesa Ustaša)

Reparto creato nel 1942 e dipendente direttamente dal Ministero dell'Interno era un'unità di intervento rapido, impegnata operativamente in diverse zone della Croazia. A partire dal 1944 fu posto alle dipendenze della I Brigata Ustaša e fu dotato di una Compagnia Corazzata armata con carri L3 di tutte le serie, carri L6/40 ed almeno un carro M15/42 con torretta di un Pz.Kpfw. 38(t).

1ª Compagnia Carri Leggeri della 1ª Divisione da Montagna

Comandata dal Nadporučnik (tenente) Subotić, nel febbraio 1943 partecipò ad operazioni nelle zone di Hercegovac, Palesnik e Virovitica, per poi essere trasferita a fine mese a sud ovest di Virovitica. Risultava equipaggiata con 14 carri leggeri francesi, 7 dei quali non operativi. Il 7 aprile un Plotone di 5 carri prese parte all' Operazione "Braun", nel corso della quale due dei suoi carri furono danneggiati dal fuoco nemico. In agosto di quell'anno la Divisione si sciolse e la Compagnia venne distribuita tra la 1ª e la 4ª Brigata da Montagna.

Plotone Carri della 1ª Brigata da Montagna

Fu costituito nell'agosto 1943 su 5 carri con i resti della Compagnia Carri della 1ª Divisione da Montagna; i mezzi erano 3 Somua francesi e 2 carri leggeri, probabilmente italiani. A fine 1944 risultava ancora operativo.

Plotone Carri della 3ª Brigata da Montagna

A settembre 1944 risultava dislocato a Banja Luka con 3 carri Hotchkiss H39.

---

18 In quel momento armato con soli carri italiani, 11 L6/40 e 4 semoventi L40 da 47/32.

Plotone Carri della 4ª Brigata da Montagna
Il plotone derivava dai resti della 1ª Compagnia Carri Leggeri della 1ª Divisione da Montagna, su 5 carri armati e fu costituito a metà del mese di agosto del 1943. Tra il 24 aprile e l'8 maggio 1944, partecipò all'operazione "Ungerwitter" sulle montagne Papuk. Era ancora attivo nel dicembre di quell'anno con 3 carri Somua S35.

Plotone Carri della 3ª Brigata Jäger
Menzionato in un ordine di battaglia del 15 agosto 1944, risultava sciolto già nel dicembre di quell'anno.

Plotone Carri della 4ª Brigata Jäger
Dotato di 4 carri medi Somua o Hotchkiss, risulta in un ordine di battaglia del 1° giugno 1944, ma fu sciolto nel dicembre dello stesso anno.

Compagnia Carri Leggeri
Fu creata in seno all'esercito croato nella primavera del 1942, con i 4 Panzer I ricevuti dalla Germania alla fine del 1941, a cui si aggiunsero 16 TK-3 nel maggio dell'anno successivo. Fu dislocata a Daruvan e fornì mezzi al Plotone Carri del III Corpo, quando fu trasferita a Sarajevo. La Compagnia fu impegnata in scontri contro i partigiani fino alla fine del 1942 in Slavonia, in Bosnia ed in Erzegovina. Nel marzo 1943 fu riorganizzata su 1ª Compagnia Corazzata e Compagnia Blindata di Riserva.

Compagnia Blindata di Riserva (indicata anche come Comando Corazzato di Riserva)
Nacque dalla riorganizzazione della Compagnia Carri Leggeri dell'Esercito nel marzo 1943. Si hanno notizie di questo reparto risalenti al settembre 1943, quando era dislocato a Zagabria con 3 carri medi e 3 carri leggeri, alle dipendenze della 1ª Brigata di Riserva. All'inizio dell'anno successivo risultava equipaggiato con 7 carri armati di tipo non specificato.

Plotone Carri del III Corpo
Il Plotone nacque come unità indipendente alla fine di novembre del 1941, con un organico di 41 uomini e 6/9 tankette polacche. Il 28 maggio 1942 il Plotone fu trasferito a Sarajevo. Il 15 giugno 1942, 2 dei suoi carri furono inviati via treno da Sarajevo a Zepce. Questi carri presero parte ad operazioni nei dintorni di Vlasenica, venendo messi fuori uso dal fuoco nemico il giorno successivo. Nulla si sa dei successivi impieghi, se non che 3 dei suoi carri fornirono appoggio al 1° Battaglione del 5° Reggimento di Fanteria a sud di Sarajevo il 4 luglio di quell'anno.

Plotone Carri Leggeri del I Battaglione Trasporti
Il 1° febbraio 1943 il Plotone disponeva di 5 carri leggeri ed era dislocato a Zagabria. Il 17 febbraio fu trasferito a Glina, alle dipendenze di un reparto di maggiore entità ed a giugno dello stesso anno fu assegnato alla V Brigata da Montagna. Nella primavera del 1944 non fu più menzionato negli organigrammi croati, dopo essere stato, presumibilmente, assorbito dalla Compagnia Carri della III Brigata Ustaša.

I blindati di circostanza "Oklopni Samovoz"

Una particolare menzione meritato questi curiosi autocarri blindati, che ebbero un impiego strettamente locale. A partire dagli scontri nell'Erzegovina Orientale nel maggio 1942, infatti, le Forze Armate croate utilizzarono degli autocarri blindati denominati "Oklopni Samovoz". Prodotti in un numero non precisato, questi autoblindati erano dei normali camion da trasporto, lunghi circa 8 metri, sui quali era stata applicata una blindatura di circostanza, probabilmente da una fabbrica della regione (le officine delle miniere di Ljubija o l'industria "Ferrosilicum" di Jajce). Questi mezzi potevano ospitare, oltre all'equipaggio, una quindicina di soldati, che potevano fare fuoco da opportune feritoie realizzate sulle scudature laterali, i blindati disponevano inoltre di una torretta girevole armata con una mitragliatrice. Sulla torretta recavano lo stemma degli Ustaša e, pertanto, i "Samovoz" furono quasi sicuramente esclusivo appannaggio della milizia di Pavelić.

I "Samovoz" presero parte agli scontri nella zona di Jajce nel mese di giugno e furono fatti spesso segno di attacchi partigiani, soprattutto quando svolgevano compiti di scorta alle autocolonne. Uno di questi autocarri blindati era utilizzato come scorta fissa dalla colonna del Colonnello degli Ustaša Simic, comandante delle forze Ustaša e Dei Domobranci nella zona di Pliva e Rama. La colonna cadde in un'imboscata tesa dai partigiani di Tito nei pressi del villaggio di Jezera l'8 giugno 1942, riuscendo però a sganciarsi con la perdita di un solo militare. Nella notte del 10 agosto uno di questi veicoli corazzati prese parte alla difesa della città di Kupres, investita da un violento attacco partigiano, operando come centro di fuoco mobile. Il tentativo di conquista della cittadina fu sventato, ma fu nuovamente ripetuto 3 giorni più tardi: la notte del 13 infatti i partigiani tentarono di nuovo di irrompere a Kupres, ma il "Samovoz" copriva tutti i contrattacchi portati dagli Ustaša. Il blindato, che apriva dei vuoti tra gli attaccanti, fu assalito più volte da piccoli nuclei armati di bombe a mano, che danneggiarono il mezzo, senza però riuscire a metterlo fuori combattimento.

Un "Samovoz", dislocato nella località di Jajce, fu catturato dai partigiani il 24 settembre, che lo impiegarono nei mesi successivi, perdendolo, a loro volta, durante un attacco a Kupres il 28 dicembre.

Colorazione dei corazzati croati

Le tankette TK-3 mantennero la colorazione originaria, con la sola aggiunta di un teschio con tibie incrociate in bianco sul fronte della scudatura e dello scudetto croato ai lati della casamatta. I carri di origine francese, Renault ed Hotchkiss, mantenevano una colorazione giallo sabbia, data probabilmente dai tedeschi, precedenti proprietari; i Pz.Kpfw. I avevano il tipico colore grigio "panzer" e recavano sulle fiancate lo scudetto della Croazia. I carri leggeri L3, sia italiani che ungheresi, appaiono dipinti in un colore scuro uniforme, è probabile dunque che fossero dipinti nel classico colore verde scuro; i carri delle Brigate Ustaša recavano sulla scudatura frontale il simbolo della formazione paramilitare, una grande U bianca, con al centro lo scudetto con 25 scacchi bianchi e rossi della Croazia. I croati impiegarono carri

L di tutte le serie, L3/33, L3/35 ed L3/38. I carri L6 appaiono dipinti nel classico schema a tre toni tipico della produzione Ansaldo, fondo giallo sabbia e macchie marroni rossiccio e verdi; inizialmente non adottavano alcun segno identificativo, anzi, in alcuni casi mantennero addirittura le targhe italiane. Nel 1944 fu apposto lo stemma dello Stato croato ai quattro lati della casamatta, mentre, da testimonianze fotografiche, negli ultimi mesi di guerra fu apposto ai lati della torretta lo stemma dello Stato Indipendente croato, mentre sul fronte l'insegna della milizia di Pavelic. Le autoblindo AB41 appaiono mimetizzate nel classico schema a tre colori (macchie marroni e verdi su fondo giallo sabbia), mentre, stando alle rare immagini di cattiva qualità reperite, i FIAT 665 NM Protetti presentano una livrea monocromatica, probabilmente giallo sabbia, colorazione di fabbrica di questi mezzi. Sul fronte degli autocarri protetti e sul cassone veniva dipinto lo stemma dello Stato Croato, mentre le AB41 avevano lo stemma della Croazia sui lati della casamatta e quello degli Ustaša sul fronte e sul retro della stessa. Risultanze fotografiche testimoniano l'uso di targhe dipinte a grandi lettere e numeri bianchi sui carri armati dell' Ustaška Obrana: per esempio un carro CV38 aveva la numerazione "U.O. 123", due carri L6/40 "U.O. 128" , "U.O. 129" e "U.O. 130", mentre il carro M15/42 con torretta di un Pz.Kpfw. 38(t) era targato "U.O. 139".

▲ Ante Pavelić, capo dello Stato Indipendente di Croazia (Nezavisna Drzava Hrvatska - N.D.H.), presiede una seduta del Parlamento. Il militare alle sue spalle regge lo stendardo del "Poglavnik", la "guida", appellativo riconosciuto a Pavelić, che si rifaceva chiaramente all'italiano "Duce" ed al tedesco "Führer".

▲ Dettaglio dello stendardo del "Poglavnik".

▼ Una TK-3 di produzione polacca, impiegata dalle Forze Armate croate. Interessante il simbolo composto da teschio e tibie incrociate sul frontale del carro e dello stemma croato sulle fiancate.

▲ Una tankette TK-3, mezzo corazzato che veniva chiamato dai croati "Ursus", supera alcuni soldati tedeschi in marcia durante un rastrellamento.

▼ Tankette TK-3 della Guardia Nazionale Croata appoggiano l'azione di soldati del 1° Battaglione dell'Einsatzstaffel Prinz Eugen nel 1942.

▲ La prima sfilata di carri armati di origine italiana il 5 dicembre 1941 a Zagabria: si tratta del P.T.S. degli Ustaša, sono tutti CV33 italiani. Da notare l'uso di indumenti protettivi dei carristi italiani.

▼ Carro armato italiano L3/35 degli Ustaša, durante la cerimonia del giuramento degli allievi Ustaša a Zagabria; accanto al carro una mitragliatrice italiana FIAT 35 (HPM).

▲ Un'altra immagine della stessa cerimonia della foto precedente. Si notano due carri L3/35 (H.P.M.).

▼ Panzer I Ausf A della Guardia Nazionale croata in inverno: sulla colorazione originaria tedesca è stato dipinto lo stemma nazionale croato (HDA).

▲ Plotone composto da 3 Panzer I ed un Renault R35, della Guardia Nazionale Croata, fotografato nei dintorni della capitale Zagabria.

▼ Vista laterale di un Panzer I Ausf A della Guardia Nazionale Croata.

▲ Uomini della Guardia Nazionale Croata. Dietro di loro, un carro Renault FT-17. Primavera 1941.

▼ Un motociclista Ustaša in sella a una Alce Guzzi monoposto. Si tratta di un membro della scorta di Slavko Kvaternik, ministro delle Forze Armate dello Stato Indipendente di Croazia. Bjelovar (Croazia), 1° novembre 1941 (HPM).

▲ Un carrista Ustaša della Legione Nera di fronte al suo piccolo carro armato CV35, durante una pausa da una azione di rastrellamento nella regione di Donji Vakuf nel 1942 (M.N.R.H.).

▼ Un reparto blindato degli Ustaša prese parte agli scontri nell'Erzegovina occidentale nell'estate 1944. I due ufficiali ritratti davanti al Panzer I sono il Colonnello Franjo Šimić dei Domobranci ed il Capitano degli Ustaša Raphale Boban (HPM).

▲ Carristi di una Brigata Ustaša di fronte ad un carro francese Renault R-35: è probabile che si tratti di un carro del disciolto Esercito Reale Jugoslavo (HPM).

▼ Reparti motorizzati tedeschi e croati in azione durante le offensive della primavera-estate 1942. In primo piano due L3/35, forniti dall'Italia alla Croazia, di una Brigata Ustaša, cercano di soccorrere un carro armato Hotchkiss H35 tedesco, rimasto bloccato dal fango.

▲ Un veicolo blindato jugoslavo di modello sconosciuto catturato dalla Wehrmacht durante l'offensiva sulle montagne Kozara nell'agosto 1942: potrebbe trattarsi di una delle autoblindo soprannominate "SPA", di cui non si sa praticamente nulla (B.A.)

▼ Autocarro con blindatura artigianale utilizzato dagli Ustaša croati, probabilmente dalla Legione Nera in Erzegovina. Questo tipo di blindato, denominato "Oklopni Samovoz", era armato con una mitragliatrice Schwarzlose, sulla torretta recava il simbolo degli Ustaša e sulle fiancate lo stemma croato.

▲ Vista posteriore di un autocarro "Samovoz", dotato di blindatura artigianale, utilizzato dagli Ustaša croati in Erzegovina (Znaci).

▼ Il simbolo presente sulla torretta era ribadito sulle fiancate dell'autocarro blindato, superiormente allo stemma croato (Archivio degli autori).

▲ Un'altra immagine di uno dei blindati improvvisati impiegati dagli Ustaša (Archivio degli autori).

▼ Un altro autocarro blindato della Legione "Nera", con un grosso numero 1 dipinto sulla torretta, fotografato nella zona di Prozor nel marzo 1943. Davanti al mezzo vediamo il Generale Pekic ed il Colonnello Boban (HPM).

▲ Autocarro blindato "Samovoz" fotografato dopo essere stato catturato dai partigiani di Tito a Kordun (H.P.M.)

▲ Colonna corazzata degli Ustaša, durante la celebrazione del secondo anniversario dell'indipendenza croata. Il primo carro è un CV33 di provenienza ungherese, monta la cupola per il capocarro tipica dei carri esportati in Ungheria ed anche la mitragliatrice è ungherese (Benvenuti).

▼ L'unità sfila davanti al palco dove si trova il Poglavnik Pavelić (Benvenuti).

▲ Un'altra immagine della stessa cerimonia: il carro è di provenienza italiana, come testimonia l'armamento (Benvenuti)

▼ Unità corazzata di formazione mista tedesca ed Ustaša. Il carro in primo piano, un Hotchkiss H39, appare dipinto in giallo sabbia.

▲ Un carro L6/40, catturato agli italiani nei giorni immediatamente successivi all'Armistizio, capeggia sulla copertina di un numero dell'anno 1944 della rivista "Ustaša", periodico edito dalla milizia di Ante Pavelić ("Ustaša")

▲ Colonna di carri L3 di una Brigata Ustaša nel gennaio 1944. La foto è stata scattata durante un'operazione antipartigiana nella zona di Zumberak. Si apprezza la colorazione interamente verde dei carri e lo stemma della formazione di Pavelić sulla scudatura anteriore degli L3 (HPM).

▼ L6/40 degli Ustaša pronti per entrare in azione prima di un'operazione di rastrellamento.

▲ Sebbene non menzionate nei documenti, questa fotografia documenta l'impiego da parte delle forze armate croate di autoblindo italiane AB41. Questa macchina, probabilmente in carico alle Guardie del Poglavnik, è stata fotografata a Varaždin nel 1944.

▼ Un altro L6/40 degli Ustaša; alle spalle si intravede anche un piccolo L3.

▲ Mezzo blindato improvvisato, utilizzato probabilmente per l'istruzione dei carristi Ustaša.

▼ Fotografia di cattiva qualità proveniente da un quotidiano dell'epoca in cui si può vedere una colonna di carri L6/40 croati.

▲ Bella immagine di un L3/35 degli Ustaša a Varaždin il 25 gennaio 1944. Il carro, privo di insegne, appare parecchio usurato.

▼ Il Plotone Corazzato del III Distretto Militare dei Domobranci croati, forte di 7 tankette TK-3, schierato per una rivista a Sarajevo il 27 maggio 1944.

▲ Ustaša durante un'operazione di rastrellamento; i carri sono L3 italiani, così come le uniformi dei carristi e dei miliziani sono anch'esse italiane.

▼ Un artigliere della Guardia Nazionale Croata in addestramento in Germania. Notare l'elmetto di fattura francese, fissato alla cintura, recante lo stemma nazionale (Nationaal Archief)

▲ Fotografia di gruppo di carristi Ustaša e Domobranci a bordo di un Renault R-35.

▼ Colonna di carri L6/40 e di autocarri italiani, impiegati dagli Ustaša, nella via principale di un villaggio croato.

▲ Carristi Ustaša ritratti accanto a un L3. Inverno 1944-45.

▲ Alcuni carri M15/42 italiani furono ricondizionati dai tedeschi con la torretta dei Panzer 38(t). In questa foto un esemplare impiegato dall'Ustaša Obrana in marcia nella neve nell'inverno 1944 – 1945. Il carro ha una mimetica a tre toni a macchie, è targato U.O. 139 ed ha l'emblema del movimento Ustaša.

▼ Carro L6/40 dell'Ustaša Obrana negli ultimi mesi di guerra. Il carro reca la targa U.O. 128 ed inoltre sul fronte della casamatta si nota lo stemma degli Ustaša.

▲ Treno blindato croato catturato dai partigiani di Tito, fotografato a Kakanj il 30 marzo 1945.

▼ Disegno al tratto pubblicato sulla rivista della milizia di Pavelić, che ritrae un carro L6/40 croato: il profilo del carro armato permette di individuare la disposizione degli stemmi sul mezzo, nella configurazione tipica della seconda metà del conflitto ("Ustaša")

▲ In quest'altro disegno, sempre tratto da "Ustaša", individuiamo sia un L6 di una Brigata di Pavelić, sia un autocarro FIAT 665 NM Protetto di produzione italiana, utilizzato dai miliziano croati, così come testimoniato anche in alcuni filmati dell'epoca ("Ustaša")

▼ Raro distintivo metallico da pilota dei mezzi corazzati, distribuito al personale degli Ustaša abilitato alla guida dei carri armati. Il distintivo racchiudeva tutti i simboli universalmente legati alla tradizione carrista, il carro armato e le ali, oltre allo stemma della milizia di Pavelić, con la "U" dipinta in azzurro intenso. Retrovie del fronte della Garfagnana (Viziano)

▲ Carristi della Legione Nera immortalati con il loro carro L3. Regione di Donji Vakuf (Bosnia), 1942 (*HPM*).

▲ Lo stemma delle Forze Armate dello Stato Indipendente di Croazia. L'insegna riuniva lo scudo a scacchiera, con 25 riquadri bianchi e rossi, simbolo storico della Croazia, con l'emblema della milizia degli Ustaša, prima Forza Armata del nuovo stato croato. Questo stesso stemma era dipinto sui mezzi corazzati degli Ustaša e dei Domobranci.

▲ Mostrine metalliche degli Ustaša, comunemente indossate anche dai carristi della milizia: lo stemma degli Ustaša era portato, identico, anche sul berretto.

▲ Primo piano della torretta di un'autoblindo artigianale usata dagli Ustaša. Si osservi nel dettaglio il simbolo degli Ustaša croati (Archivio degli autori).

▼ Altra bella immagine del blindato di circostanza in forza agli Ustaša (HPM).("Ustaša")

▲ Carro leggero Panzer I in dotazione alla Guardia Nazionale Croata.

▼ L3 dell'Ustaša Obrana contrassegnato U. O. 123 (HDA).

▲ L6 dell'Ustaša Obrana (HDA).

▼ Un carro L3 e due motocarri Guzzi Trialce impiegati dalle truppe Ustaša.

▲ L3 in forza alla Compagnia Carri della V Brigata Ustaša.

▼ Un L3 fotografato a Zagabria nel corso della cerimonia di giuramento degli studenti Ustaša. A sinistra si riconosce il Poglavnik Ante Pavelic (HPM).

▲ Cerimonia di fondazione dello Stato Indipendente di Croazia.

▼ La Guardia Nazionale croata ricevette alcuni automezzi dalle Forze Armate tedesche, per rinforzare la propria struttura logistica.

▲ Milite della Guardia Nazionale Croata di fronte alla chiesa di San Marco a Zagabria: interessante l'uso dell'elmetto tedesco con lo scudetto croato.

▲ Carro armato Hotchiss H39 della Guardia Nazionale Croata, fotografato nella primavera del 1943.

▼ Autocarro blindato degli Ustasa fotografato nei pressi Sarajevo all'inizio del 1943 (HDM).

▲ Primo piano di un militare degli Ustasa.

▲ Un convoglio ferroviario improvvisato, approntato per condurre questi soldati della Guardia Nazionale Croata in una zona infestata da partigiani.

▼ Carri armati del P.S.T. e della Legione "Nera" fotografati durante l'operazione Weiss (HDM).

▲ A bordo di questo carro italiano L2 troviamo un corrispondente di guerra, che segue l'operazione militare: al collo porta l'immancabile macchina fotografica (HDM).

UNITÀ CORAZZATE CROATE DIPENDENTI DALLE FORZE ARMATE TEDESCHE

La Legione tedesco-croata era composta dalla 369. (Kroatische) Infanterie-Division, dalla 373. (Kroatische) Infanterie-Divisione e dalla 392. (Kroatische) Infanterie-Division. Queste formazioni erano a tutti gli effetti unità della Wehrmacht, composte da un gran numero di croati e di Volksdeutschen croati, comandati da ufficiali tedeschi, così come gli equipaggiamenti erano tedeschi. Lo Stato Indipendente di Croazia, di fatto, non aveva assolutamente alcuna autorità o controllo su di loro. Ciascuna di queste tre Divisioni disponeva un proprio Panzerjäger- Abteilung, la cui dotazione teorica era di 6 semoventi italiani L40 da 47/32. In realtà la situazione contingente fece sì che ogni Panzerjäger- Abteilung fosse equipaggiato con un ristretto numero di mezzi corazzati assortiti, soprattutto di produzione italiana.

I tedeschi soprannominarono queste formazioni anche "Schachbrett" ("Scacchiera"), in riferimento al classico scudo a scacchi bianchi e rossi della Croazia, che i volontari delle Divisioni portavano sulla spalla destra dell'uniforme.

369. (Kroatische) Infanterie-Division (369. (Hrvatska) Pješacka Divizija)

Era composta da circa 3.500 ufficiali, sottufficiali e personale specializzato tedeschi e 8.500 soldati volontari, reclutati dallo Stato Indipendente di Croazia. Costituita il 21 settembre 1942 a Stockerau, fu addestrata presso Döllersheim in Austria.

Anche se originariamente era destinata al fronte russo, la situazione era divenuta critica anche sul Fronte jugoslavo e l'alto comando tedesco aveva deciso di sferrare una grande offensiva contro i partigiani comunisti di Tito. Pertanto, la 369. Divisione fu trasferita in Jugoslavia per prendere parte all'imminente operazione "Weiss". L'unita' fu impiegata definitivamente nella lotta antipartigiana nel territorio croato e bosniaco. Era nota anche come "Divisione del Diavolo" (tedesco: "Divisione Teufels" - croato: "Vražja Divizija"), perchè si distinse per aggressività e comportamento brutale nel corso delle durissime campagne di guerra contro i partigiani jugoslavi.

Il suo Panzerjäger- Abteilung 369 disponeva di 10 carri L3, 2 carri L6/40, 5 semoventi da 47/32 L40, 2 autoblindo AB41 e, dall'evidenza fotografica, almeno 3 carri francesi. Nell'aprile 1945, a seguito delle numerose perdite, la Divisione era ridotta ad un Kampfgruppe con soli 4 semoventi L40.

373. (Kroatische) Infanterie-Division (373. (Hrvatska) Pješacka Divizija)

Venne costituita il 6 giugno 1943 con volontari croati, provenienti da una Brigata della Guardia Nazionale Croata, con ufficiali, sottufficiali e specialisti tedeschi. Effettuò il ciclo addestrativo presso la Truppenübungsplatz Döllersheim[19] e, anziché essere inviata sul fronte orientale come inizialmente programmato, venne trasferita in Jugoslavia, dove fu dislocata nelle zone occidentali del Paese. La Divisione, impiegata nella lotta contro i partigiani in Jugoslavia fino alla fine del conflitto, fu coinvolta nel fallito tentativo di uccidere (o catturare) Josip Broz (Tito) nel maggio del 1944. Inizialmente costituita da due Reggimenti di Fanteria, nell'autunno 1944 la Divisione assorbì la 2ª Brigata Jäger della Guardia Nazionale Croata, che andò a formare il terzo Reggimento.

A ranghi estremamente ridotti a causa di diserzioni, la Divisione iniziò a ritirarsi a nord verso il Reich negli ultimi giorni di aprile 1945, per arrendersi infine ai partigiani il 10 maggio 1945 tra Brežice e Raka, nell'attuale Slovenia.

Il Panzerjäger- Abteilung della 373. Divisione croata "Tigre" (tedesco: "Tiger Division" – croato: "Tigar Divizija") disponeva inizialmente di un carro L3, di un L6 e di 9 semoventi L40; alla fine del 1944 aveva 2 AS37 Protetto, 2 autoblindo italiane, 12 L3, 6 L6 e 10 semoventi L40.

392. (Kroatische) Infanterie-Division (392. (Hrvatska) Pješacka Divizija)

Fu costituita il 17 agosto 1943 presso la Truppenübungsplatz Döllersheim con personale di truppa volontario croato, in parte proveniente dalla Guardia Nazionale Croata, e quadri tedeschi. Anch'essa era inizialmente destinata al fronte orientale, ma fu in realtà impegnata nel territorio croato in operazioni antipartigiani fino alla fine della guerra, liberò l'isola di Korčula dai partigiani e difese la costa adriatica settentrionale e la Lika. Questa Divisione soffrì per un alto numero di diserzioni: molti militari croati, disillusi dall'evolversi negativo del conflitto ed incitati da agenti di Tito, che promettevano un'amnistia ai disertori, iniziarono ad ammutinarsi dal settembre 1944. Negli ultimi giorni di guerra la Divisione ricevette ordine di ripiegare verso l'Austria meridionale, ma si arrese nella zona di Fiume.

Era conosciuta come Divisione "Azzurra" (tedesco: "Blaue Divison" - croato "Plava Divizija").

La Divisione croata "Azzurra" aveva 2 carri L3, 3 L6 e 7 semoventi L40 nel secondo Squadrone dell'Aufklärungs-Abteilung 392, che operò sulla costa Dalmata.

---

[19] Area di Addestramento Militare di Döllersheim.

▲ Lo scudetto da braccio, comune ai volontari croati arruolati nelle Forze Armate tedesche, che valse alle unità croate l'appellativo di "Schachbrett" ("Scacchiera")

▲ Carri armati del Panzerjäger- Abteilung 369 della 369ª Divisione "del Diavolo" nel villaggio di Gotovuša in Kosovo, nel maggio-giugno 1943.

▼ Carristi croati provenienti dai ranghi del P.T.S. prendono posto su un carro armato medio tedesco Pzkpfw IV Ausf G. Germania, 1944 (B.A.)

▲ I carristi croati addestrati in Germania indossavano uniformi con insegne Ustaša (B.A.)

▼ Questa fotografia mostra un autocarro Krupp Protze e un cannone controcarro Pak 38 da 50 mm della 369ª Divisione croata caduti nelle mani dei partigiani jugoslavi. Vicinanze di Nevesinje (Bosnia-Erzegovina), febbraio 1945 (Znaci).

▲ Cerimonia della concessione della bandiera al 369° Reggimento alla presenza del ministro Ivica Frković. Al centro del drappo appare il monogramma di Ante Pavelic. Mostar, 18 aprile 1944.

▼ Carristi croati in addestramento su un Pzkpfw IV Ausf G. Il carro armato in secondo piano è un Pzkpfw III Ausf N.

▲ Primo piano di un capocarro croato a bordo di un Pzkpfw IV Ausf G. La fotografia consente di apprezzare importanti dettagli dell'uniforme.

▲ I membri dell'equipaggio di un Pzkpfw IV, tutti di nazionalità croata, ascoltano le raccomandazioni di un istruttore tedesco.

CORAZZATI SLOVENI

Nel 1941, la Slovenia fu spartita tra Germania, Italia (che creò la cosiddetta Provincia di Lubiana) ed Ungheria. Anche in Slovenia, come nel resto della Jugoslavia, prese vita un attivo movimento di resistenza al nazifascismo, che si costituì sotto la denominazione di A.V.N.O.J. (Antifašistični svet narodne osvoboditve Jugoslavije) nel 1943. Nel settembre dello stesso anno, a seguito della resa italiana, tutta la Slovenia fu occupata dalle truppe tedesche, passando così sotto le dirette dipendenze del Gauleiter della Carinzia Rainer. Nello stesso mese di settembre, fu creata una milizia collaborazionista a prevalenza volontaria, la Guardia Territoriale Slovena (Slovensko Domobranstvo), per supportare le Forze Armate germaniche nel contrasto all'Esercito Popolare di Liberazione jugoslavo, assumendo via via sempre maggiore autonomia operativa. Comandante della milizia dei Domobranci, che arrivò a contare 13.000 effettivi, fu Leon Rupnik, già generale dell'esercito jugoslavo; fu equipaggiata dai Tedeschi con armi sequestrate agli italiani dopo l'Armistizio del 1943 e fu addestrata dalle SS tedesche. Tra aprile e maggio 1945, l'intero territorio sloveno fu occupato dalle forze armate della resistenza del IX Corpus sloveno e buona parte dei Domobranci, prigionieri dell'Ottava Armata Britannica nei pressi di Klagenfurt, come i reparti croati, furono consegnati all'E.P.L.J. (Esercito Popolare di Liberazione jugoslavo) andando incontro così ad esecuzioni sommarie di massa.

Se i reparti croati riuscirono a mettere insieme delle unità blindate abbastanza organiche, molto ridotta fu invece la componente corazzata delle forze armate slovene. Alla fine dell'estate del 1944 i Domobranci ricevettero dai Tedeschi un numero non precisato di semoventi da L40 da 47/32, alcuni dei quali di produzione tarda, cioè con la casamatta modificata ed allargata, ed armati con una mitragliatrice Breda 38 con scudatura, posta su di un binario trasversale nella parte anteriore della casamatta stessa. I corazzati furono impiegati da reparti stanziati nell'area di Lubiana e, secondo un documento partigiano alla fine del 1944, i Domobranci disponevano di 6 "carri armati", probabilmente tutti semoventi L40 ed erano alle dipendenze della Ordnungspolizei Pol. Pz. Kp. 14.

I reparti dei Domobranci utilizzarono anche autocarri con blindature artigianali di origine italiana e fornirono equipaggi per alcuni treni blindati che operavano nel territorio Sloveno.

Colorazione dei corazzati sloveni

Questi semoventi erano dipinti in giallo sabbia con larghe macchie verdi e, probabilmente, marroni (una mimetica non standard italiana, dipinta con ogni probabilità sul giallo sabbia di fabbrica dai Tedeschi); come i croati, anche i carristi sloveni utilizzavano tute da carrista olandesi, provenienti dal bottino fatto dalla Wehrmacht durante l'occupazione dei Paesi Bassi nel 1940.

▲ Bella immagine di uno dei semoventi italiani da 47/32 L40 dei Domobranci sloveni, apparsa sulla copertina del n° 5 della rivista del reparto "Slovensko Domobrantsvo". (Slovensko Domobrantsvo).

Boj z vsemi sredstvi

in vedno boljša izurjenost v težkem orožju je naš odgovor na Brozove sanje o 15. septembru

● Kampf mit allen Mitteln

Fortschreitende Ausbildung unserer Landeswehrmänner an schweren Waffen ist die Antwort auf die Träume des Banditen Broz hinsichtlich 15. September.

▲ Altre immagini dello stesso semovente, apparse all'interno della rivista. Questo mezzo, ricevuto insieme al resto della fornitura dalle Forze Armate tedesche nella seconda metà del '44, era di produzione tarda, con la casamatta modificata (Slovensko Domobrantsvo).

▲ Un autocarro OM Taurus, con protezioni di circostanza, stracarico di miliziani, durante la stessa operazione delle foto precedenti. Il mezzo reca la targa "Slov.D. 56", apparentemente scritta a mano (Slovensko Domobrantsvo).

▲ Autocarro leggero italiano SPA CL39 dei Domobranci, fotografato a Lubiana; il veicolo, con la colorazione grigioverde originaria, è targato "SD 26" (Slovensko Domobrantsvo).

▼ Il giuramento dei Domobranci nello stadio Bežigrad a Lubiana il 20 aprile 1944. Le unità dei Domobranci, insieme a reparti di polizia, giurarono fedeltà alla nazione slovena alla presenza del governatore della Provincia Rupnik (nella foto in borghese) e del generale delle SS Erwin Rösener. caduti nelle mani dei partigiani jugoslavi. Vicinanze di Nevesinje (Bosnia-Erzegovina), febbraio 1945 (Znaci).

▲ Semoventi dei Domobranci durante la cerimonia di giuramento nello stadio Bežigrad a Lubiana. Il mezzo in secondo piano sembra avere la casamatta del primo tipo, non allargata e si nota come le chiazze della mimetica siano di due colori, probabilmente marroni e verdi.

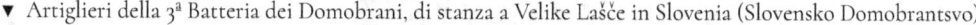

▲ Lo schieramento dei Domobranci e dei poliziotti allo stadio Bežigrad a Lubiana. Per la prima volta fu issata la bandiera nazionale slovena, che era stata abolita durante l'occupazione italiana, e fu esposto lo stemma della regione della Carniola.

▼ Artiglieri della 3ª Batteria dei Domobrani, di stanza a Velike Lašče in Slovenia (Slovensko Domobrantsvo)

▲ Scudetto da braccio dei Domobranci.

Bibliografia

- Babac Dušan, "Elitni vidovi jugoslovenske vojske u Aprilskom ratu", Evoluta, Belgrado, 2008.
- Barlozzetti Ugo, Pirella Alberto, "Mezzi dell'Esercito italiano 1935 – 1945", Editoriale Olimpia, Firenze, 1986.
- Benvenuti Bruno, Colonna Ugo, "Fronte Terra", volumi 1, 2/I, 2/II e 2/III, Edizioni Bizzarri, Roma, 1974.
- Cappellano Filippo, Pignato Nicola, "Gli autoveicoli da combattimento dell'Esercito Italiano", volumi I e II, S.M.E. – Ufficio Storico, Roma, 2002.
- Ceva Lucio, Curami Andrea, "La meccanizzazione dell'Esercito fino al 1943", S.M.E – Ufficio Storico, Roma, 1989.
- Corbatti Sergio, Nava Marco, "Come il diamante", Laran Editions, Bruxelles, 2008.
- Di Colloredo Mels Pierluigi Romeo, "Controguerriglia – La 2° Armata italiana e l'occupazione dei Balcani 1941 – 1943", Luca Cristini Editore, 2019, Bergamo.
- Di Giusto Stefano, "I reparti Panzer nell'Operationszone Adriatisches Kustenland", Edizioni della Laguna, Mariano del Friuli (GO), 2002.
- Guglielmi Daniele, "Italian Armour in German Service 1943 – 1945", Mattioli 1885, Parma, 2005.
- L. da Zeng, "Croatian Armor: a discussion", 2012.
- Mollo Andrew, "Le Forze Armate della Seconda Guerra Mondiale – uniformi, distintivi e organizzazione", Istituto Geografico De Agostini, Novara, 1982.
- Munoz Antonio J., "Slovenian Axis Forces in World War II 1941 - 1945", Axis Europa Books, Bayside (USA).
- Pignato Nicola, "Un secolo di autoblinde in Italia", Mattioli 1885, Parma, 2008.
- Potocnick Gregor, "Slovensko Domobranstvo", Lubiana, 2013.
- Predoević Dinko, "Oklopna vozila i oklopne postrojbe u drugom svjetskom ratu u Hrvatskoj - I.dio", Adamic – Digital Point Tiskara, Rijeka (HR), 2002.
- Predoević Dinko, "Oklopna vozila i oklopne postrojbe u drugom svjetskom ratu u Hrvatskoj - II.dio", Adamic – Digital Point Tiskara, Rijeka (HR), 2008.
- Predoević Dinko, Dimitrijević Bojan, "Oklopne postrojbe Sila Osovine na jugoistoku Europe u Drugome svjetskom ratu", Despot Infinitus d.o.o., Zagabria (HR), 2015.
- Tallillo Antonio, Tallillo Andrea, Guglielmi Daniele "Carro L3 – Carri veloci, carri leggeri, derivati", G.M.T., Trento, 2004.
- Tallillo Antonio, Tallillo Andrea, Guglielmi Daniele, "Carro L6 – Carri leggeri, semoventi e derivati", G.M.T., Trento, 2007.

- Thomas Nigel, Mikulan Krunoslav, "Axis Forces in Yugoslavia 1941 – 45", collana "Men at Arms" n° 282, Osprey Publishing, Oxford (UK), 2001.
- Zaloga Steve, "Tanks of Hitler's Eastern Allies 1941 – 1945", New Vanguard n° 199, Osprey Publishing, Oxford (UK), 2013.
- Zaloga Steve "The Eastern Front, Armour Camouflage & Markings", Arms and Armour Press, 1983.
- Yann Mahè, "Croatie 1941 -1945" in "Batailles et Blindes" n° 42 – aprile/maggio 2011, Caraktére, Aix-enProvence (F).

TITOLI GIÀ PUBBLICATI
TITLES ALREADY PUBLISHING

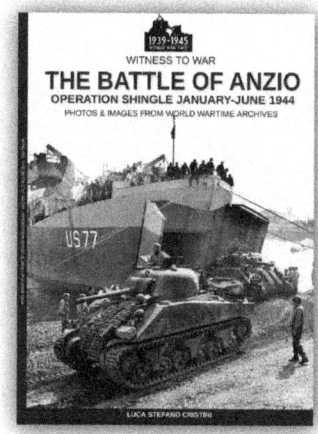

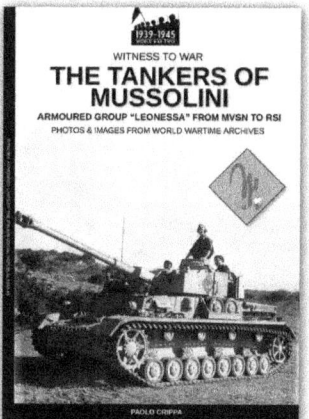

www.ingramcontent.com/pod-product-compliance
Lightning Source LLC
LaVergne TN
LVHW081545070526
838199LV00057B/3781